2 Juin 1887.

V

VENTE

Des Jeudi 2, Vendredi 3 et Samedi 4 Juin 1887

HOTEL DROUOT, SALLE Nº 2.

Après décès de Mme Vve A. ROUVEYRE

MARCHANDE DE CURIOSITÉS

MEUBLES

BIJOUX

Argenterie et Curiosités

EXPOSITION PUBLIQUE

Le Mercredi 1er Juin 1887

COMMISSAIRES PRISEURS

Me LÉON TUAL
56, rue de la Victoire, 56.

Me PAUL CHEVALLIER
10, rue Grange-Batelière, 10

EXPERT

M. CHARLES MANNHEIM, 7, rue Saint-Georges.

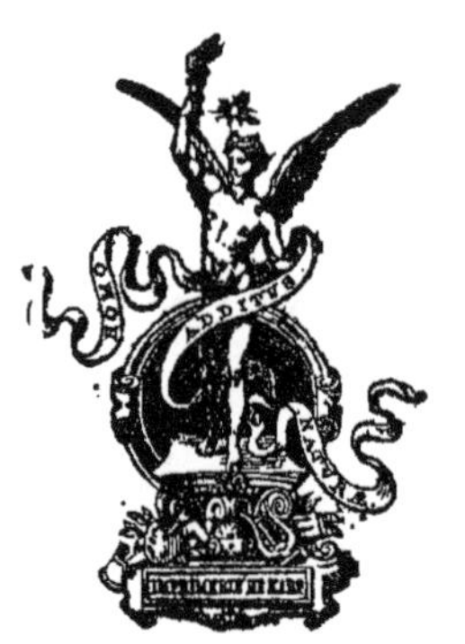
HOMO
ADDITUS
NATURAE

CATALOGUE
DES
CURIOSITÉS

BIJOUX, ARGENTERIE, OBJETS DE VITRINE

CUIVRES, ÉTAINS

PORCELAINES ET FAIENCES

MEUBLES

Nombreuses Armoires normandes, Pendules à gaines, Commodes
Bureaux, Vitrines, Secrétaires, Sièges

BRONZES D'AMEUBLEMENT

Étoffes

DONT LA VENTE AURA LIEU

Après décès de Mme Ve A. ROUVEYRE

Marchande de curiosités

HOTEL DROUOT, SALLE N° 2

Les Jeudi 2, Vendredi 3 et Samedi 4 Juin 1887

A DEUX HEURES

COMMISSAIRES-PRISEURS

Me LÉON TUAL	**Me PAUL CHEVALLIER**
56, rue de la Victoire, 56	10, rue de la Grange-Batelière, 10

EXPERT

M. CHARLES MANNHEIM, 7, rue Saint-Georges, 7

EXPOSITION PUBLIQUE

Le Mercredi 1er Juin 1887, de une heure à cinq heures.

CONDITIONS DE LA VENTE

Elle sera faite au comptant.

Les adjudicataires payeront *cinq pour cent* en sus des enchères.

L'exposition mettant le public à même de se rendre compte de l'état des objets, il ne sera admis aucune réclamation une fois l'adjudication prononcée.

Paris. — Imprimerie de l'Art. E. Ménard et J. Augry
41, rue de la Victoire.

DÉSIGNATION DES OBJETS

BIJOUX, ARGENTERIE

OBJETS DE VITRINE

1 — Montre Louis XVI et châtelaine en or émaillé.

2 à 6 — Cinq montres Louis XVI, en or ciselé et enrichies d'émaux.

7 — Bagues anciennes, or et argent, ornées de stras, de pierres et d'émaux.

8 — Boucles anciennes.

9 — Bonbonnières et tabatière écaille, argent et porcelaine, agates.

10 — Châtelaines et breloquets, fermoirs d'escarcelles en argent, en acier, etc.

11 — Croix et bijoux normands.

12 — Épingles de cravates.

13 — Médaillons.

14 — Étuis en vernis Martin.

15 — Fixé : Portrait de Louis XVIII.

16 — Cannes anciennes, à pommes d'argent.

17 — Encrier de style rocaille en argent.

18 — Corbeille à rocailles et godrons.

19 — Deux autres plus petites.

20 — Quantité d'objets d'étagère, en argent, de provenance hollandaise, corbeilles, petites coupes, vide-poche, ménages de poupées, rouets, singes, cages, petits meubles.

21 — Salières et moutardiers Louis XVI.

22 — Lot de boutons anciens.

23 — Couteaux et fourchettes à manches de porcelaine tendre, décorés en bleu.

24 — Autres à manches de Saxe.

25 — Boîtes en émail de Saxe.

26 — Miniatures.

27 — Éventails anciens.

28 — Nombreux bijoux, sous ce numéro.

PORCELAINES, FAIENCES

29 — Six assiettes en porcelaine tendre, à figures villageoises, en camaïeu rose et marli bleu à réserves à fleurs.

30 — Porcelaine tendre : Petits vases en Mennecy, pomme de canne, etc.

31 — Petite pyramide en Delft, décor bleu.

32 — Boîte carrée et couverte, en poterie cloisonnée du Japon.

33 — Plusieurs fontaines en faïence de Rouen.

34 — Lot de plats et assiettes en Delft, décorés en bleu.

35 — Pièces d'échantillons en porcelaine de Chine : bols, bouteilles, petits vases, gourdes.

36 — Plaques et plats en faïence de Castelli, à personnages et paysages.

37 — Très grand vase, balustre, à décor de dragons en bleu, sur fond céladon.

38 — Bouteille-gourde en faïence tachetée de bleu et à armoiries.

39 — Petite potiche en Delft, polychrome et doré.

40 — Vase en Chine, décor à personnages, en émaux de couleur.

41 — Plusieurs vases en faïence de Castel Durante.

42 — Deux grands cornets à pans, décor de style japonais, avec socles en bronze.

43 — Grosse potiche à pans, décor bleu, rouge et or. Style japonais.

44 — Vase sphérique Rouen polychrome, à kiosques chinois.

45 — Carreaux en faïence de Perse et en faïence hollandaise.

46 — Plats de Chine famille verte.

47 — Plats, assiettes, jardinières, vases, etc., en faïence et en porcelaine.

OBJETS VARIES

48 — Grand plat en émail cloisonné du Japon.

49 — Petit lustre en verre de Venise.

50 — Grand plat en étain, décor dit : *la Tempérance*. Modèle de Briot.

51 — Lot de socles chinois, en bois sculpté.

52 — Étain. Soupière, légumiers, cafetière, canettes, écuelles, etc.

53 — Rouet ancien.

54 — Fontaine-urne en cuivre argenté et un plateau à galerie.

55 — Plusieurs tableaux anciens : Portraits.

56 — Cadres Louis XIII, bois noir et bronzes.

57 — Vitraux à figures.

58 — Gouache attribuée à Breughel et Franck, caractérisant l'Air, dans un cadre doré.

59 — Console-applique Louis XIV, en bois sculpté.

60 — Statuette de saint Charles Borromée, en bronze doré, sur piédestal en marbre vert d'eau.

61 — Statuettes en bois sculpté.

PETITS MEUBLES

62 — Petit modèle d'armoire hollandaise, en marqueterie et à portes vitrées.

63 — Petit modèle de commode Louis XV, en marqueterie de bois à carrelage.

64 — Petit modèle de commode droite, en bois clair.

65 — Petit meuble à deux corps et à panse, le haut vitré, le bas à portes pleines.

66 — Petit cabinet bois noir, les tiroirs ornés de glaces étamées.

67 — Cabinet en laque de Chine, à paysage en dorure sur fond noir.

68 — Étagère d'encoignure décorée au vernis, motifs de fleurs.

*

BRONZES D'AMEUBLEMENT

CUIVRES

69 — Pendule Louis XVI, en forme de portique à colonnes, en marbre blanc avec appliques, rinceaux, attributs et figurines d'amours en bronze ciselé et doré.

70 — Pendule Louis XVI en marbre blanc, avec cariatides, aigle et ornements en bronze doré, et sphinx en bronze vert.

71 — Petite pendule Empire en bronze doré, à cadran supporté par deux termes égyptiens.

72 — Deux petits candélabres Empire à trois lumières en bronze doré, supportées par des statuettes de femmes en bronze patiné.

73 — Pendule-borne Louis XVI, surmontée d'une cassolette en marbre blanc et bronze ciselé et doré.

74 — Pendule en bronze doré mat, à sujet Henri IV et Gabrielle, avec socle en marbre griotte.

75 — Flambeaux de diverses époques.

76 — Appliques à deux lumières, style Régence, et à figurines d'amours.

77 — Pendule en marbre blanc et bronze doré, à cadran entouré d'une couronne de laurier ; socle à bas-relief d'enfants surmonté de deux figurines de génies.

78 — Petit cartel Louis XV, à rocailles et festons de fleurs.

79 — Petit lustre flamand en cuivre, à quatre branches et à crémaillère.

80 — Deux lampes d'église.

81 — Jardinières, bassins, chaufferettes, etc., en cuivre.

MEUBLES

82 — Armoire normande Louis XV, en chêne sculpté, médaillons d'instruments de musique, festons et bouquets, rubans tortillés

en spirale. Au milieu de la frise, les emblèmes de l'Amour.

83 — Armoire normande sculptée, à festons de fleurs et panneaux de portes côtelés.

84 — Coffre Renaissance.

85 — Devants de coffres à fenestrages gothiques.

86 — Chaise à porteurs Louis XV, sculptée, peinte et dorée, panneaux à figures mythologiques.

87 — Deux grands fauteuils Louis XV en noyer, pieds tors, accoudoirs à volutes, couverts en cuir.

88 — Bois de causeuse Louis XVI, sculpté et doré, dossier à médaillon.

89 — Pendule droite, bois noir, avec cadran ancien en cuivre gravé.

90 — Console Louis XVI, rectangulaire, bois sculpté et doré, à dessus de marbre.

91 — Armoire normande à deux portes, chêne sculpté, bouquets, corbeilles fleuries et festons de feuilles.

92 — Buffet Louis XVI à deux corps, en chêne sculpté, à festons de feuillages, corbeilles de fleurs et perles, corniche contournée à oves; le corps supérieur est vitré.

93 — Horloge à gaine en chêne sculpté à fleurs et ornements, époque Louis XVI; mouvement de *Langlois, à Yvetot.*

94 — Horloge-applique à poids, cadran peint. XVIIIe siècle.

95 — Meuble à deux corps, style Renaissance, en noyer sculpté; le haut à portes vitrées, le bas formant armoire.

96 — Vitrine en acajou garnie de baguettes de cuivre, les angles arrondis et cannelés. Dessus de marbre blanc à galerie.

97 — Horloge à gaine en chêne sculpté, à festons de fleurs, médaillon des emblèmes de l'Amour et moulures de feuilles d'eau.

98 — Deux chaises de style Louis XV, dossiers lyres, foncées de paille.

99 — Autre, montants à colonnettes et panaches, coussin en peluche.

100 — Petit cabinet en bois noir guilloché.

101 — Petit secrétaire Louis XV en bois satiné, incrusté de filets de bois clair et à dessus de marbre gris.

102 — Petit miroir de toilette sur base à tiroir, en acajou à filets de cuivre.

103 — Commode Louis XVI à deux tiroirs, bois rose et bois satiné, avec filets marquetés. Dessus en marbre noir et blanc.

104 — Vaisselier en bois sculpté, le corps inférieur à portes pleines, le haut à étagères superposées, bordées de galeries à balustre.

105 — Commode Louis XVI à trois tiroirs, en palissandre et bois rose, à dessus de marbre blanc.

106 — Deux commodes d'encoignure à tiroirs contournés, de l'époque Louis XV, en bois rose à quadrillés de bois noir, garnies de poignées en cuivre.

107 — Commode Louis XVI, deux tiroirs, bois rose et bois violette ; dessus en marbre noir et blanc.

108 — Buffet-vitrine, style Louis XIII, sur console à pieds tournés.

109 — Petite commode Louis XVI, à deux tiroirs, en marqueterie à carrelage, avec dessus en marbre.

110 — Grande cheminée surmontée d'une glace à fronton en bois doré, à cariatides, larges feuilles et moulures ornées, avec parties tendues de velours rouge.

111 — Bureau ancien à cylindre, bois rose incrusté de filets de bois clair.

112 — Glace Louis XVI, cadre à feuillage, couronnement à guirlandes.

113 — Horloge à gaine en chêne sculpté, mouvement de Jean Masse, à Saint-Paire.

114 — Miroir Louis XIV à encadrement sculpté et doré, avec fronton à rinceaux et attributs.

115 — Pendule droite en bois noir, avec pieds de lions et figurines d'enfants couleur étain.

116 — Chiffonnier en acajou, à baguettes de cuivre, angles arrondis et cannelés; dessus en marbre.

117 — Vitrine en bois noir et marqueterie à fleurs, style Louis XIII, sur sa table-console à pieds tors.

118 — Pendule Louis XV et sa console-applique, décorées au vernis de bouquets et d'instruments de musique sur fond vert et garnies de cuivres, festons de feuillages et attributs; elle est surmontée d'un vase à guirlandes.

119 — Petit secrétaire Louis XV, de forme contournée, en bois satiné et à dessus de marbre brèche d'Alep.

120 — Commode Louis XIV en bois de placage, incrustée de filets de cuivre et garnie de bronzes.

121 — Petit lit Louis XVI, en noyer sculpté, à colonnettes d'angles surmontées de panaches.

122 — Armoire Louis XV, en noyer, à portes moulurées.

123 — Petit buffet ancien à deux corps.

124 — Buffet d'encoignure à deux corps et à portes cintrées.

125 — Armoire normande Louis XV, à deux corps et à quatre vantaux, chêne sculpté, à motifs de vases et corbeilles, festons de pampre, bouquets ; corniche cintrée à oves.

126 — Devant de coffre en bois sculpté, à figures de naïades.

127 — Armoire-bureau plaquée de bois rose et palissandre, haut et bas à deux vantaux, milieu à abattant.

128 — Toilette-chiffonnier en acajou, avec tablette de marbre blanc.

129 — Grand secrétaire-commode en acajou, à baguettes de cuivre.

130 — Petite table à ouvrage, de style Louis XV, en bois de rose.

131 — Tabouret Louis XV sculpté, blanc et or.

132 — Encoignure acajou, à baguettes de cuivre; dessus en marbre blanc.

133 — Horloge d'applique Louis XVI.

134 — Table trictrac en acajou.

135 — Chaise Louis XV, sculptée et couverte en cuir de Cordoue.

136 — Baromètre Louis XV, bois sculpté.

137 — Deux portes Louis XIV en chêne sculpté.

138 — Étagère d'encoigure, bois rose à filets noirs.

139 — Console Louis XV, bois sculpté et doré.

140 à 142 — Trois armoires normandes anciennes, en bois sculpté.

143 — Table carrée à ouvrage, acajou à baguettes de cuivre.

144 — Guéridon rond en acajou, pieds cannelés; dessus en marbre à galerie de cuivre.

145 — Bureau Louis XVI en bois noir.

146 à 148 — Trois armoires normandes.

149 — Chaise longue Louis XVI, peinte en blanc.

150 — Bureau à dos d'âne.

151 — Coffre à façade ornée de fenestrages gothiques.

152 — Bureau Louis XV, à dos d'âne.

153 — Table à rallonges, style Henri II, avec pieds formés de colonnes.

154 — Encoignure Louis XV, en bois satiné.

155 — Commode Louis XIV en palissandre, à trois tiroirs; dessus en marbre gris.

156 — Petite commode demi-lune, en noyer; dessus en marbre brèche d'Alep.

157 — Fauteuils et chaises garnis et non garnis, des époques Louis XIV, Louis XV et Louis XVI; chaises couvertes en cuir et cloutées de cuivre; fauteuils Louis XVI paillés. Seront vendus sous ce numéro.

158 — Petites tables et meubles divers.

ÉTOFFES

159 — Portières et fragments d'ancienne tapisserie, étoffes brodées et brochées, soieries diverses, guipures, galons.

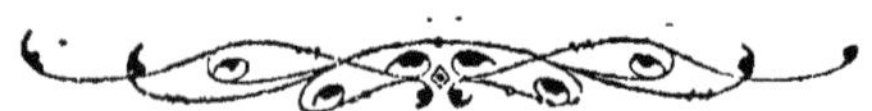

www.ingramcontent.com/pod-product-compliance
Ingram Content Group UK Ltd.
Pitfield, Milton Keynes, MK11 3LW, UK
UKHW020532180726
13839UKWH00005B/2459